IMPRIMERIE J. CLAYE
RUE SAINT BENOIT 7
LABOR
PARIS

COURS

COMPLÉMENTAIRE

DE GÉOGRAPHIE

HISTOIRE ET LÉGISLATION

DES

ÉTATS MUSULMANS

A L'ÉCOLE SPÉCIALE DES LANGUES ORIENTALES VIVANTES

LEÇON D'OUVERTURE

PAR

M. GUSTAVE DUGAT

Membre du Conseil de la Société asiatique, chargé du Cours

PARIS

MAISONNEUVE ET Cᴵᴱ, LIBRAIRES-ÉDITEURS

15, QUAI VOLTAIRE, 15

1873

GÉOGRAPHIE, HISTOIRE

ET LÉGISLATION

DES ÉTATS MUSULMANS

LEÇON D'OUVERTURE[1]

PAR

M. GUSTAVE DUGAT

Membre du Conseil de la Société asiatique, chargé du Cours.

MESSIEURS,

En fondant à l'École spéciale des langues orientales vivantes un cours complémentaire de géographie, d'histoire et de législation des États musulmans, M. le ministre de l'instruction publique, pénétré de l'idée que l'enseignement national doit devenir de plus en plus complet, a pourvu à une lacune qui existait dans cet établissement.

Il était, en effet, indispensable de rattacher

1. Premier semestre de l'année scolaire 1872-1873.

les études spéciales auxquelles vous vous livrez ici à un ensemble de connaissances générales. Les textes des écrivains orientaux que vous expliquent d'habiles professeurs recevront une lumière de plus à être éclairés par la géographie, l'histoire et la législation, qui vous feront pénétrer plus intimement dans la vie des peuples musulmans.

Chargé de ce Cours par une décision de M. le ministre de l'instruction publique, en date du 29 avril 1872, j'ai fait une exposition complète de cet enseignement dans le second semestre de l'année scolaire 1871-1872.

Aujourd'hui je dois indiquer l'étendue de ces nouvelles études à ceux qui veulent s'y adonner et assurer leurs premiers pas.

I.

Quand on jette les yeux sur une carte du globe pour y faire la géographie des religions, on remarque que le petit espace occupé par le mont Liban, les collines de la Judée, les montagnes de l'Arabie et le Désert, a été le berceau des trois plus grandes religions adoptées par l'es-

pèce humaine : la religion juive, la religion chré-
tienne et la religion musulmane.

L'islamisme, professé encore de nos jours
par une population d'environ cent millions
d'hommes, est en vigueur depuis les rivages de
l'Atlantique jusqu'à ceux de la mer Caspienne et
de la mer des Indes, et dans le Turkestan jusqu'aux frontières de la Chine qu'il a même
franchies. Il s'étend sur trois parties de la Terre :
l'Europe, l'Afrique et l'Asie.

Voici la nomenclature des divers pays où la
religion de Mahomet s'est maintenue :

L'Arabie, berceau de l'islamisme ;

La Perse, aujourd'hui sensiblement réduite ;

La région du Caucase, comprenant les provinces cédées à la Russie ou conquises par elle
sur la Perse et la Turquie ;

Le Beloutchistan, autrefois faisant partie de
la Perse, aujourd'hui indépendant avec Kelat
pour capitale ;

L'Afghanistan avec Caboul, Kandahar et le
Sedjistan ;

Le Khorassan Afghan ou royaume de Hérat ;

Le Turkestan occidental, avec les parties de
l'Asie centrale récemment annexées à la Russie :
Tachkent, Samarcande, etc. ;

Le Turkestan oriental, autrefois Chinois,

aujourd'hui formant un État indépendant sous un prince musulman ;

La Turquie d'Europe et la Turquie d'Asie ; cette dernière comprenant l'Asie Mineure, une partie de l'Arménie, le Kourdistan (ancienne Assyrie), la Mésopotamie ou Djeziret, l'Irak-Arabi (ancienne Babylonie) et la Syrie ;

L'Afrique avec l'Égypte, les États de Tripoli, de Tunis, l'Algérie, le Maroc, le Sahara, le Sénégal, le Soudan où l'islamisme continue encore de nos jours sa propagande, et au sud-est la côte du Zanguebar.

Tel est le cadre qu'embrasse ce cours d'études musulmanes. Bien qu'il ne s'étende pas aux contrées de l'extrême Orient, réservées à un enseignement spécial à l'École des langues orientales, nous aurons toutefois, à l'occasion des invasions arabes, à parler, mais très-brièvement, de l'Inde, des Iles Maldives, de Java, de Sumatra, île de Célèbes et autres îles de la Malaisie, et nous irons jusqu'à la partie occidentale de la Papouasie ou Nouvelle-Guinée, pour indiquer seulement le point extrême où s'étend l'islamisme.

Les pays musulmans, dont nous venons de faire l'énumération, seront l'objet de nos études au triple point de vue de la géographie, de l'histoire et de la législation.

II.

Le grand mérite de la géographie est de donner aux études historiques un point de départ
assuré.

Ce sont surtout les voyageurs, les explora-
teurs qui nous ont fait connaître les habitudes,
les besoins, l'industrie, les productions des peuples orientaux. Leurs investigations servent de
base à nos relations de politique, de science et
de commerce. Nous aurons donc à mettre à
contribution leurs ouvrages pour être initiés à la
vie intime des populations que nous avons à étudier; nous y trouverons des renseignements à la
fois intéressants et utiles.

L'Arabie, en dehors des côtes et des provinces
maritimes, est encore très-peu connue, surtout
à l'intérieur, que cependant nous connaissons
mieux depuis les récentes explorations. Nous
consulterons avec profit les relations des voyageurs, Niebuhr, Ali Bey, Sadlier, Seetzen,
Burckhardt, Tamisier, Wellsted, Fresnel, Botta,
Wallin, Burton, Maltzan, Palgrave, Guarmani,
Pelly, Wetzstein, etc.

La Turquie, la Perse et l'Asie centrale ont

été explorées par de nombreux voyageurs anciens et modernes. Parmi les premiers, on lit encore avec intérêt les ouvrages de Jenkinson, Thevenot, Tavernier, Sanson, Herbert, et surtout celui de Chardin pour la Perse, Thomson, Hoog, etc. Parmi les seconds, Jaubert, Morier, Humboldt, Malcolm, Meyendorff, Moorcroft, Kotzebue, Alexander, de Bode, Burnes, Porter, Otter, Ouseley, Hommaire de Hell, Brydges, Dupré, Macdonald Kinneir, Abbott, Wood, Trulhier, de Khanikoff, Mouraviev, Grigorieff, Rawlinson, Selby, Layard, B. Dorn, Vambéry, etc., etc.

L'Afrique, dont on ne connaissait bien que les côtes, a commencé à être explorée à l'intérieur, au siècle dernier, par Leydard, Lucas, Hougton, Mungo-Parck, Horneman, Shaw, Bruce, etc.; mais c'est dans notre siècle que des entreprises hardies ont été tentées et que les résultats géographiques les plus importants ont été acquis par Caillaud, Caillé, Laing, Clapperton, Peney, Richardson, Vogel, Barth, Speke, Grant, Baker, Lejean, Panet, Mage, Vincent, Trémaux, Duveyrier, Livingstone, etc.

Nous aurons aussi de curieux renseignements à prendre chez des voyageurs et géographes musulmans : Iacout, Aboulféda, El-Mokaddassi, El-Istikhari, Abou-Zeid, Ibn Haucal, Ibn Batou-

tah, Ibn Djobair, Izzet-Allah, Fadhl Allah
El-Omari, Cheikh Ettidjani, Mohammed Et-
tounsi, etc.

Des explications sur les divers produits du
sol, les objets de commerce, l'ethnographie,
l'histoire naturelle de ces divers pays seront
indispensables pour apprécier le genre de vie de
ces populations.

Vous serez de la sorte au courant des progrès
de la science géographique et de l'état actuel de
ces régions.

Les villes célèbres et importantes comme la
Mecque, Médine, Damas, Bagdad, Ispahan,
Téhéran, Hérat, Bokhara, Samarcande, Constantinople, le Caire, Tunis, Alger, Fez, Ten-
bouctou, et les ports de commerce seront décrits
en détail, autant que nous le pourrons.

Nous chercherons à connaître le cours des
grands fleuves comme le Nil, le Danube, l'Amou-
Deria, le Tigre, l'Euphrate, la Maritza, le Kizil-
Irmak, le Zendeh-Roud, le Bend-Émir, l'Indus, etc. C'est sur le bord des fleuves que se sont
établies les villes qui ont eu une grande activité
politique et commerciale.

Jusqu'à la fin du dernier siècle, la France a
tenu en Europe la tête des sciences géographiques : il suffit de citer d'Anville, dont les cartes

du Tigre et de l'Euphrate restent encore un monument précieux. De nos jours, la Société de Géographie, fondée en 1821, et dignement représentée par les d'Avezac, Levasseur, Cortambert, Vivien Saint-Martin, Malte-Brun, etc., etc., a rendu de grands services en encourageant l'esprit d'investigation et d'entreprise. Les sociétés étrangères, aujourd'hui au nombre de quinze, sont, on peut le dire, les filles de la Société de Paris. Mais, faut-il l'avouer? les travaux de cette compagnie sont mieux appréciés à l'étranger qu'en France. C'est que dans notre pays, il s'est produit un certain abaissement dans les études géographiques.

Le mot de Goëthe : « Ce qui caractérise la nation française, c'est de ne pas savoir la géographie, » s'il n'était pas exact pour l'époque où il fut dit, est juste pour le temps présent.

Nous n'avons jamais, sans doute, manqué en France de savants hors ligne dans toutes les sciences; mais c'est la diffusion des connaissances géographiques qui nous a fait défaut. Nous ne rechercherons pas les causes de notre infériorité actuelle sur ce point, vis-à-vis d'autres nations. Le mal existe, tâchons de le faire disparaître de la sphère de nos études.

III.

Si, après avoir été les instituteurs de l'Europe dans les sciences géographiques, nous en sommes arrivés au point d'avoir besoin des leçons de nos élèves, de ceux qui ont perfectionné nos idées, nous sommes restés les maîtres pour les sciences historiques. C'est en France que de grands philosophes ont découvert par l'étude approfondie de l'histoire la loi du progrès, c'est par la notion réelle et complète du passé qu'on arrive à perfectionner les sciences morales et politiques. Le véritable prophète des temps modernes est celui qui sait le mieux s'inspirer du passé. Les pages de l'histoire sont les tables de la loi écrite par Dieu lui-même. Étudiée comme elle doit l'être, l'histoire n'est, à vrai dire, que le tableau des progrès de l'espèce humaine, que le récit de ses luttes contre l'ignorance, la barbarie, la superstition. C'est le point d'appui le plus solide des espérances de l'humanité et l'éloquente préface de l'avenir.

En considérant la marche suivie par l'humanité depuis qu'elle nous a été révélée par les annales de l'histoire, nous la voyons constam-

ment s'avancer vers une incontestable amélioration. Nous ne sommes plus au temps où Quinti-
lien disait que l'histoire n'était propre qu'à
cultiver la mémoire et à orner l'esprit. Dans
l'antiquité, l'enseignement historique n'existait
pas et cela se conçoit, car alors l'humanité
n'était pas considérée comme une individualité
vivante, composée d'un nombre infini de membres
réunis dans un but commun, celui de concourir
au développement de l'espèce. L'histoire peut
devenir la grande institutrice de la jeunesse, c'est
la branche la plus importante de l'enseignement
public ; car la science historique est le résumé
de toute l'expérience humaine ; elle sera la base
de la morale publique, l'initiation du citoyen à la
société, et comme le prologue du drame de la
vie et des difficultés qu'on y rencontre. Il faut
donc chercher dans l'étude des annales, en général, une leçon constante et appropriée à notre
civilisation.

Les sociétés humaines, cependant, même les
mieux organisées, telles que celles des peuples
qui sont, de nos jours, à la tête du mouvement
civilisateur, sont bien loin encore d'avoir atteint
dans leurs lois, leurs institutions et leurs mœurs,
le degré de perfection auquel elles arriveront un
jour.

Mais quand on interroge l'histoire de l'Orient, on voit les dynasties musulmanes tourner sans cesse dans un cercle mouvant où les siècles de culture intellectuelle sont vite remplacés par des périodes de barbarie, où la bravoure, la grandeur font place rapidement à l'affaissement et à la destruction. Si l'on jette un regard sur l'état de l'Asie et de la Turquie en particulier, on reconnaît que la civilisation dans cette partie du monde a été stationnaire. Les Ottomans se sont constitués politiquement à la faveur des moyens de civilisation accumulés par les Arabes. Armés pour la conquête du globe, s'ils ont rendu quelque énergie à la société musulmane, ce fut aux dépens de l'activité qu'elle employait au perfectionnement des sciences, de l'industrie et des arts ; la durée et l'intensité de la lutte qu'ils ont soutenue les ont mis dans la continuelle nécessité de tout sacrifier aux besoins militaires du moment. L'arrêt de développement qu'on remarque chez les nations asiatiques s'explique par l'état dans lequel elles se sont trouvées aux premières périodes de leur histoire. Constituées principalement pour la conquête, elles ne concevaient l'association que dans un but d'opposition aux autres nations : asservir ses semblables était considéré comme la manière la plus commode et la plus productive d'exploitation de la nature ; elles recherchaient des esclaves, des tributaires, et regardaient ce moyen comme le but politique des associations humaines.

Il est à remarquer aussi que l'action civilisante se déplace, car depuis que les peuples européens ont été placés en tête de la civilisation, depuis le xve siècle, c'est-à-dire dès que les Européens ont pris pour point de départ les travaux des Arabes, les peuples de l'Asie sont restés stationnaires, si toutefois ils n'ont pas rétrogradé. C'est à l'Europe maintenant qu'il appartient de remettre ces peuples sur le chemin du perfectionnement, en important chez eux nos découvertes et nos moyens de progrès.

Les études historiques ne seraient que de vains exercices, si elles ne devaient pas nous conduire à éclairer et diriger notre pratique dans les relations politiques, commerciales et autres engagées avec les populations orientales, relations qui devront être empreintes de plus de tolérance et de moins de dédain.

Car n'oublions pas qu'à l'avénement de l'islamisme, l'esprit humain paraissait être assoupi en Europe, il semblait que l'intelligence eût atteint ses limites ; mais l'apparence était trompeuse. Les Arabes étaient en fermentation et aux ixe et

xe siècles ils ont donné le jour à deux concep-
tions capitales : l'une politique, l'autre scientifique. Ils ont changé la marche de l'esprit humain. Depuis le VIIIe siècle jusqu'au XIIe, les
Arabes ont été le premier peuple sous le rap-
port politique et scientifique. Ce n'est que depuis
le XIIIe siècle qu'ils ont cessé de former l'avant-
garde de l'humanité. Au XIIIe siècle, Roger Bacon
parut, et il a été le premier Européen supérieur aux
Arabes en physique et en mathématiques. Aussi
les Européens ont acquis sur les Asiatiques une
prépondérance marquée.

Il eût été à désirer de ne voir entre les peuples de l'Europe et de l'Asie qu'une émulation
pour les progrès scientifiques. Mais, hélas! depuis
l'origine des temps historiques jusqu'à nous, la
lutte la plus colossale qui ait jamais fait retentir
la Terre du fracas des batailles est bien celle de
l'Orient et de l'Occident. Il suffit de rappeler les
luttes des Romains et des Parthes, d'Auguste et
d'Antoine, du Bas-Empire et des Perses, des
Latins et des Grecs, des Arabes, Turcs et de la
chrétienté. On voyait alors des flots de peuples
s'entre-choquer, entraînés à la suite des Xercès
et des Thémistocle, des Alexandre et des Darius,
des Annibal et des Scipion, des Pompée et des
Mithridate, des Julien et des Chosroès, des

Charles Martel et des Abdérame, des Saladin et des Richard, des Mahomet II et des Jean Huniade, des Charles-Quint et des Soliman, des Doria et des Khair-ed-din, des Scanderbeg et des Morad, des Sobieski et des Mustapha, des Pierre le Grand et des Mohammed, etc.

Il n'y a pas de combats qu'on puisse mettre en parallèle avec ces combats éternels qui précipitaient l'Europe à travers l'Asie jusqu'aux bouches de l'Euphrate et jusqu'à l'Indus et qui ramenaient l'Asie à travers l'Europe, comme un torrent qui a rompu ses digues.

De nos jours, l'Europe presse encore l'Orient de toutes parts : l'Angleterre est dans l'Inde, la France en Cochinchine et en Afrique, la Russie au cœur de l'Asie. Telle est encore la triste condition de l'humanité, que nous ne pouvons ouvrir des régions immenses à l'influence de la civilisation occidentale sans lutte armée, sans massacres. Heureusement qu'à la suite des armées de l'Europe se trouvent des hommes de science et de négoce pour explorer ces contrées, établir des rapports commerciaux.

Plus près de nous, spectacle consolant, les entreprises de l'Europe ont pris un caractère de haute civilisation, comme l'ouverture de l'Isthme de Suez, l'établissement des chemins de fer en

Égypte et en Turquie, de la télégraphie électrique entre la Perse et l'Inde. Du reste, les peuples chrétiens ne sont pas les seuls qui aient soif d'amélioration. La Turquie, par la série de ses derniers sultans, fait voir qu'elle veut se mettre au niveau des nations civilisées. La famille de Mohammed-Ali en Égypte a montré dans maintes circonstances ses intentions civilisatrices; le bey de Tunis, de son côté, est animé d'idées libérales. Notre présence sur le sol de l'Afrique est un gage de prospérité pour ces régions tant de fois bouleversées.

La tâche qui nous incombe à nous, orientalistes, c'est de mieux connaître cet Orient, de le faire mieux apprécier, de l'étudier sous les grands aspects que cet enseignement comporte, afin de préparer pour les besoins de notre commerce et de notre politique des agents instruits et dont la mission sera toute de paix et de civilisation.

Il est d'usage de diviser l'histoire :

En histoire ancienne, comprenant les événements qui se sont passés dans le monde, jusqu'à la destruction de l'empire romain d'Occident en 476 de J.-C.;

En histoire du moyen âge qui se termine à la prise de Constantinople par les Ottomans en 1453;

Et en histoire moderne, depuis l'établissement de l'empire de Turquie en Europe jusqu'à nos jours.

Ces époques n'ont point été prises dans la série générale de développement de l'intelligence humaine ; elles ont été puisées presque toujours dans la classe des événements secondaires ou locaux. Il n'est pas sans utilité d'adopter une division plus large, celle que plusieurs philosophes modernes ont introduite dans les hautes études.

Divisons donc l'histoire en histoire ancienne et histoire moderne, et formons deux grandes périodes embrassant les temps anciens :

La première, depuis l'origine de l'espèce humaine jusqu'à Moïse ; la seconde, depuis Moïse jusqu'à Socrate.

Tout ce qui a précédé Moïse est ou ignoré ou faiblement connu. Depuis Moïse jusqu'à Socrate la tradition laisse de grandes lacunes, la chronique est incomplète, malgré les résultats importants conquis par l'érudition moderne dans la reconstruction des vieilles chronologies.

L'histoire ancienne semble être pour l'humanité ce qu'est pour l'individu l'histoire de son enfance, c'est la partie la moins importante de sa vie. L'instruction historique doit surtout avoir pour but l'époque moderne, car l'histoire de l'antiquité ne suffit plus aux leçons que nous devons puiser dans le passé.

Mais c'est surtout depuis Socrate que l'histoire de l'humanité devient instructive, intéressante ; mais aussi elle présente de plus nombreuses difficultés que celle des temps anciens ; elle exige une puissance d'analyse peu commune et une vaste unité d'aperçus. Si, avant Socrate, quelques peuples s'étaient élevés à la conception de la Divinité, aucun d'eux ne l'avait présentée d'une manière bien claire. En faisant un Dieu de tous les dieux de la Grèce, Socrate a imprimé à l'idée de la divinité le caractère unitaire. Il a été le fondateur de la science générale.

Nous pouvons donc diviser l'histoire moderne en deux parties comme l'histoire ancienne :

La première depuis Socrate jusqu'à Mahomet, c'est-à-dire jusqu'au moment où les Arabes se sont occupés par une méthode scientifique d'étudier les phénomènes de la nature, procédé qu'ils ont légué à l'Europe ;

La seconde partie de Mahomet jusqu'à nous.

C'est ce fragment de l'histoire générale, en ce qui concerne l'Orient musulman, que nous aurons à étudier.

Nous n'avons pas à faire dans ce Cours une histoire bien détaillée des peuples musulmans.

Nous mettrons seulement en œuvre les détails qui éclairent l'ensemble, laissant de côté les minuties qui souvent l'obscurcissent. La grande histoire ne pourra être entreprise que lorsqu'on aura traduit complétement et exactement les principaux historiens arabes, tels qu'Ibn el-Athir, Ibn Khaldoun, Nowaïri, Abou'l-Mahâssen, Soyouthi, Ibn el-Djouzi, Maçoudi, Thabari, Ibn Hayyân, Ibn Adhari, etc.; les persans : Mirkhond, Khondémir, Wassâf, Ferichta, Rachideddin, etc.; et les ottomans : Saad-eddin, Neima, Vassif-Efendi, Assad-Efendi, etc. [1].

Mais le moment est venu de vulgariser les travaux des orientalistes, tels que Caussin de Perceval pour l'histoire des Arabes avant Mahomet; Weïl pour le Khalifat d'Orient, Dozy pour les musulmans d'Espagne, Amari pour ceux de Sicile; de Slane, Tornberg, Henri Fournel pour ceux du nord de l'Afrique; Dow et Briggs pour ceux de l'Inde; Malcolm pour la Perse, B. Dorn pour les Afghans et quelques provinces de cette contrée; Defrémery pour quelques dynasties persanes; de Hammer pour la Turquie; de Gui-

---

1. Quelques-uns de ces historiens comme Ibn Khaldoun, Mirkhond, Maçoudi, Thabari, Ferichta, etc., ont été traduits en partie dans une langue européenne par MM. de Slane, Vullers, Barbier de Meynard, Zotenberg, Briggs, etc.

gnes, Charmoy, Bérésine, C. d'Ohsson pour les Mongols; Quatremère pour ces derniers et pour les sultans mamelouks de l'Égypte; L.-A. Sédillot, Dozy, Noël Desvergers, Flügel, Mills pour l'histoire générale des musulmans et d'autres qui ont publié des monographies sur des points particuliers de l'histoire musulmane.

En attendant la grande histoire qui se prépare tous les jours au fur et à mesure qu'on publie et traduit les textes des écrivains orientaux, nous avons déjà un ensemble de travaux historiques très-importants qu'on peut dès aujourd'hui faire entrer dans le courant des études ordinaires.

L'histoire des peuples musulmans comprend : les dynasties arabes, berbères, persanes, hindostanes, mongoles, seljoukides et turque.

Nous aurons l'occasion de parler de chacune d'elles, quand nous ferons la description des pays où elles se sont établies. Nous tâcherons de présenter sous leur véritable aspect quelques-unes des grandes figures de cette histoire : Mahomet, Omar, Abou Becr, Abderrahman I, le fondateur des Omeyyades d'Espagne, Haroun Er-rachid, El-Mamoun, le promoteur du mouvement scientifique et philosophique; Moizz-li-din-allah, fondateur des fathimites d'Égypte : Mahmoud le

Gaznévide, Djengis-Khân, Tamerlan, Soliman I, Mahomet II, Selim I, Acbar, Abbas le Grand, Mahmoud, le réformateur de la Turquie, etc.

Dans l'ordre scientifique, théologique, philosophique et littéraire : Alfarabi, Avicenne, Albirouni, Gazzali, Averroès, Abou Hanifa, Malik fils d'Anas, Chafeï, Ibn Hanbal, Cazwini, Damiri, Ibn-al-awâm, Aboulféda, Iacout, Abou Temâm, El-Bohtori, Sadi, Hâfiz, Firdouci, Motenabbi, Ibn-el-Fâredh, Ibn-El-Motazz, El-Hariri, Abou-Nowâs, Ibn Hâni, Ibn Zeidoun, Ibn Khafadjah, et beaucoup d'autres seront signalés à votre attention.

L'histoire de l'Orient musulman, sans remonter à l'ancien Orient qui nous suggérerait les mêmes réflexions, nous offre le spectacle désolant de nations puissantes et prospères, aujourd'hui disparues et anéanties. Est-ce à dire que tel doit être le sort réservé à ces magnifiques cités modernes, centres splendides d'où rayonnent les progrès incessants des sciences, des arts et les conquêtes de la civilisation? Après avoir brillé d'un vif éclat, le génie d'une nation devrait-il fatalement s'éteindre? L'homme serait-il destiné à recommencer sans cesse, après quelques générations, l'œuvre de ses pères, au lieu de la continuer et de la développer?

Gardons-nous d'admettre, comme une vérité absolue, dans l'existence des nations, cette fatalité illogique et désespérante. Dans ces cataclysmes dont l'histoire a pour mission de reconnaître les causes et de les signaler, on ne doit voir qu'un effet de la défaillance et de l'imprévoyance humaines contre lesquelles il faut prémunir les générations futures. -

IV.

Après la géographie et l'histoire des pays musulmans, j'aurai à vous entretenir dans ce Cours de leur législation. J'en dirai quelques mots aujourd'hui, surtout pour indiquer les œuvres que l'on doit consulter, ne devant m'en occuper d'une manière spéciale, qu'à la fin de cet enseignement et lorsque nous aurons fini l'étude de la géographie et de l'histoire.

La vie religieuse et civile s'est développée dans l'islamisme par les mains du clergé. Les théologiens ont été les législateurs et en même temps les prêtres de l'Islam. Les bases sommaires de la loi se trouvent dans le Coran : dogme, culte, loi religieuse et en partie la loi civile.

Comme une sorte de premier commentaire du Coran fut la *Sonna*. On donne ce nom aux traditions ou *hadith* du prophète arabe. Ces traditions ont trait à ce qu'il a fait et dit dans diverses circonstances. Ainsi ses paroles, actes, réticences ou exemples ont été transmis par ses compagnons oralement, puis réunis en recueils, et ce sont ces *hadith* qui servent à élucider ou à développer les principes renfermés dans le Coran.

On ajouta ensuite à ces deux guides : le Coran et la *Sonna,* le *Consensus* (idjmà), c'est-à-dire l'unanimité d'opinions des compagnons de Mahomet sur des questions particulières de la vie religieuse et civile, et enfin on eut recours à l'analogie (*kiâs*) pour décider certains points de doctrine qui restaient sans solution au moyen des trois sources indiquées. Ce fut avec ces quatre instruments que les principes de la législation furent constitués.

On sait le rôle qu'ont joué les *porteurs* et les lecteurs du Coran dans la coordination du livre saint qui n'eut lieu que dans la trentième année de l'hégire (650 de J.-C.).

Après la coordination et la constitution du Coran, il resta aux compagnons de Mahomet et à leurs successeurs une tâche non moins importante à accomplir, celle de rapporter et propager oralement la tradition ou *sonna* de Mahomet. Les traditionistes se trouvaient répandus dans plusieurs villes de l'Islam, dans le Hidjâz, à Coufa, à Basra, en Syrie et en Égypte. Dans le premier siècle de l'hégire, il y avait à Médine sept jurisconsultes célèbres qui travaillaient à cette œuvre et qui établirent ce qu'on peut appeler la *coutume* de Médine. El-Hassan El-Basri, né à Médine deux ans avant la fin du khalifat d'Omar, fonda une école de théologie jurisprudentielle. Grand jurisconsulte, il contribua puissamment à maintenir l'orthodoxie musulmane au milieu des innovations de son temps.

Mais il était réservé à quatre grands docteurs : Abou Hanifa [1], Malik fils d'Anas [2], Ech-Chafeï [3], et Ibn Hanbal [4], de fonder par leurs études sur la *Sonna* les quatre grandes écoles de droit sonnites (orthodoxes) : hanéfite, malékite, chafeïte et hanbalite, écoles qui, débutant au second siècle de l'hégire, sont restées jusqu'à nos jours, comme les colonnes inébranlables de l'édifice de l'Islam.

Ces quatre docteurs s'occupèrent surtout de

1. Mort en 150 = 767.
2. Mort en 179 = 795.
3. Mort en 204 = 819.
4. Mort en 241 = 855.

tirer les conséquences pratiques des principes de la loi.

La doctrine d'Abou Hanifa se trouve, entre autres, dans l'ouvrage appelé *Hidaia*[1] *fil forou* (Guide dans les branches de la loi), qui a été traduit par Anderson et Hamilton. Cette traduction est incomplète. Mais ce fut Ibrahim Ibn Mohammed El-Halabi, auteur du xe siècle, qui rédigea et coordonna le recueil d'Abou Hanifa, dans son livre intitulé *Moultaka El-Abhour* (le Confluent des mers), par allusion au nombre des sources où il a puisé. C'est cet ouvrage que Mouradgea d'Ohsson a traduit et analysé dans son *Tableau de l'Empire ottoman,* travail remarquable pour l'époque où il parut, mais qui offre bien des lacunes et un ordre tout différent de celui qu'adoptent ordinairement les jurisconsultes musulmans.

La doctrine d'Abou Hanifa est suivie par les

1. Borhân ed-din Ibn Abd El-Djelil, mort en 593 = 1196, est auteur d'un précis de jurisprudence hanéfite intitulé *Bédaia El-mobtadi;* sur son ouvrage il fit lui-même un commentaire qu'il appela *Hidaia* et dont il est ici question. Dans l'édition de ce dernier ouvrage publiée à Calcuta, le texte est souvent confondu avec le commentaire. J'ai tenu à préciser ce fait, parce qu'en Europe, on ne s'est pas fait une idée bien nette de cet ouvrage. Mirza Kazembeg en a parlé d'une manière peu exacte. Voy. *Journal Asiatique,* février-mars 1850, p. 211.

musulmans de l'Inde, de la Chine, de l'Asie centrale et de l'empire ottoman.

La doctrine malékite est adoptée en Algérie et dans le nord de l'Afrique jusqu'au Soudan, depuis le IIIe siècle de l'hégire ; avant cette époque, on suivait celle d'Abou Hanifa. M. le docteur Perron nous a fait connaître un ouvrage de cette école, celui de Sidi Khalil, jurisconsulte célèbre, mort en 749 = 1348.

La troisième école de droit orthodoxe, celle d'Ech-Chafeï, eut plus de partisans en Égypte que dans les autres pays musulmans, bien que sa doctrine se fût répandue dans l'Irâk, le Khorassan, la Transoxiane et l'Inde. En Égypte, cependant, les tribunaux se dirigent selon les préceptes du rite hanéfite, parce que le grand Cadhi, séant au Caire, est envoyé tous les ans de Constantinople. Cette doctrine est encore usitée dans les Indes néerlandaises à Java et à Sumatra ; elle a eu pour interprètes, entre autres juristes : Abou-Chodja [1], Firouzabâdi [2] et Tebrizy [3] ; les ouvrages des deux premiers ont été publiés par le docteur Keijzer [4].

---

1. Né en 434 = 945, voy. *Catalogue des Manuscrits* de la Bibliothèque de Leyde, t. IV, p. 113.

2. Mort en 476 = 1083, *id., id.,* p. 110.

3. Né en 558 = 1162, *id., id.,* p. 122.

4. Firouzâbâdi a été traduit en 1853 : *Handboek voor het*

Le fondateur de la quatrième école de droit orthodoxe, Ibn Hanbal, était un traditioniste de la plus haute renommée. Ses partisans peu nombreux se trouvaient pour la plupart en Syrie, dans le Ghilan, et dans ce coin de l'Irak qui renferme Bagdad et les lieux environnants. Ils se distinguaient des jurisconsultes des autres écoles par le soin qu'ils mettaient à garder les prescriptions de la *Sonna,* à rapporter exactement les traditions de Mahomet et par leur habitude de chercher, autant que possible, dans ces sources, la solution des questions légales, plutôt que d'avoir recours à l'analogie (*kiâs*). Jusqu'à présent on n'a pas encore, que je sache, publié le code hanbalite. Les principes d'Ibn Hanbal sont exposés dans un ouvrage intitulé *Kitâb El-Moghni* [1].

Les quatre fondateurs de doctrine, divisés sur plusieurs points du culte, de la morale et de la législation, sont d'accord sur les dogmes et les articles de foi.

Après les quatre grands juristes, on continua des travaux critiques sur la *Sonna*. Des hommes

Mohammedaansch regt, et Abou Chodja en 1859, texte et traduction.

1. Voir *Catalogue des Manuscrits* de la Bibliothèque de Leyde, t. IV, p. 149.

d'une grande science, El-Bokhâri [1] et Moslim [2], achevèrent de coordonner les traditions de Mahomet. Les recueils de ces deux docteurs sont les plus estimés, surtout le *Sahih* d'El-Bokhâri dont M. le docteur Krehl a déjà publié trois volumes à Leyde [3].

Les quatre docteurs, appelés *Modjtehids* absolus, laissèrent quelques écrits, surtout Ech-Chafeï; mais leur enseignement fut oral.

Les disciples de ces docteurs recueillirent et élaborèrent complétement les enseignements de leurs maîtres et arrivèrent eux-mêmes au second degré d'*Idjtihâd* [4], comme principaux coopérateurs des *modjtehids* absolus. Ils mirent en œuvre les systèmes de leurs maîtres et leur rendirent de grands services en y travaillant de longues

1. Mort en 256=869.

2. Mort en 261 = 874.

3. La *Sonna* n'est pas un livre comme semblent le croire quelques auteurs européens, c'est le nom donné à la tradition de Mahomet. Les recueils de ses traditions portent des noms différents, comme on vient de le voir.

4. Ce mot signifie «grand effort» dans l'examen des questions, fondé sur le rapprochement de diverses considérations; mais en jurisprudence il a le sens d'atteindre à un certain degré d'autorité dans les recherches des principes de jurisprudence et celui qui l'atteint prend le nom de *Modjtehid*. Conf. un article remarquable de Mirza Kazembeg, *Journal Asiatique*, février-mars 1850, p. 181. Voy. aussi *Précis de jurisprudence* d'Abou Chodja, trad. par Keijzer, p. 115, 116.

années. Sous Haroun Er-Rachid qui organisa la justice, les docteurs Abou Youçouf et Mohammed Ech-Cheïbani se distinguèrent dans la doctrine hanéfite.

Les juristes du troisième degré d'*Idjtihâd* développèrent encore les principes de leurs prédécesseurs. Ils pouvaient décider des questions qui n'avaient été résolues ni par les fondateurs des écoles, ni par les disciples de ces derniers.

Ensuite vint une série d'auteurs juristes, appelés *mokallids* (imitateurs), qui se bornèrent à vulgariser les ouvrages des *modjtehids,* en traitant succinctement, ou quelquefois avec des commentaires et d'après leur propre plan, du contenu des ouvrages composés par les juristes précédents, et dans lesquels ils choisirent les meilleures sentences. C'est à cette série d'auteurs jurisconsultes, relativement modernes, qu'appartiennent tous ces précis et commentaires (*mokhtaçar* et *charh*), dont nous avons fait connaître les plus importants, suivis de nos jours en Orient et en Afrique, tels que ceux de Borhan eddin Ibn Abd El-Djelil, Ibrahim El-Halabi, Sidi Khalil, Firouzabâdi, Abou Chodja.

En Turquie on s'est beaucoup occupé des études juridiques, et de nombreux ouvrages sont dus aux Turcs dans cet ordre de travail. On trouve chez eux ces collections de *Fetwas* (décisions jurisprudentielles) qui ont étendu, perfectionné les principes de la législation musulmane. Une codification nouvelle en langue turque, élaborée en conseil d'État sous la présidence de Djevdet Pacha, a commencé à paraître en 1869-1870, à Constantinople [1].

En dehors des quatre grandes écoles de droit orthodoxes ou *sonnites,* il y a encore une école de droit musulman spéciale pour les Chiites. Cette autre communion musulmane, dont les Persans font partie, a une jurisprudence particulière sur certains points et qui se trouve exposée dans le *Kitab charâï El-Islam*, d'Abou'lkassim El-Mohakkik, publié à Calcuta en 1839. Mirza Kazembeg avait commencé en partie la publication de ce texte avec une traduction russe. M. Querry, consul de France à Trébizonde, a publié dans un premier volume la traduction de deux parties du même ouvrage [2].

---

1. Voy. *Bibliographie ottomane* de M. Belin, *Journal Asiatique,* août-septembre 1871, p. 129, 141.

2. M. Querry n'a pas fait mention dans la préface de son premier volume des deux éditions précédentes de l'ouvrage qu'il publie. Il est vrai que Mirza Kazembeg ne semblait pas avoir l'intention de publier l'ouvrage entier, il avait commencé par le premier livre, des ventes et du gage, 1862.

L'auteur de cet ouvrage, El-Mohakkik, était un jurisconsulte

Comme on le voit, la législation musulmane exige, pour la bien connaître, des études très-variées. Elle est fort complexe, comme du reste toutes les législations de l'Europe. Notre but n'est pas de l'approfondir dans toutes ses parties, l'existence de plusieurs hommes n'y suffirait pas. Seulement il est indispensable d'en connaître les principes essentiels. Nous serons, dans la suite, aidés dans cette étude par un ouvrage très-utile : la Balance de la loi, *Miẓan Ech-Chariat,* d'Ech-Charâni, auteur du xve siècle, qui, en nous montrant les différences ou variantes qui distinguent les quatre doctrines orthodoxes et constitutives de la loi, nous fera pénétrer dans l'esprit même de cette législation.

Ces traités de législation *sonnite* et *chiite* embrassent toutes les pratiques du culte extérieur, les lois civiles, criminelles, morales, politiques, militaires, judiciaires, fiscales, commerciales, somptuaires, agraires, domestiques. Il y a chez le musulman un sentiment si vif de la légalité, qu'il l'étend même aux choses les moins essentielles de la vie. Le culte est presque tout entier dans des pratiques personnelles de détail, on n'y

éminent, né en 602 = 1205, à Hilleh sur l'Euphrate, mort en 676 = 1277. Conf. Préface au *Recueil des lois concernant les Musulmans Schyites,* de M. Querry, p. v.

trouve à peu près rien de collectif, de social, et c'est là son défaut capital.

Dans la procédure civile leur principe fondamental est que dans tout acte la bonne foi est toujours présumée. Cette procédure est simple, prompte, sans détours; elle ne connaît pas la postulation, l'examen des preuves et la variété des moyens de preuve, comme dans la procédure européenne.

Le sentiment religieux vient corriger ce que les principes du droit présentent de trop amer. Ainsi Mahomet a défendu tout marché avec une personne que sa pauvreté force à vendre à trop bas prix ce qu'elle possède. Les marchands honnêtes et de bonne foi seront élevés au dernier ciel avec les prophètes [1]. Mahomet a promis le paradis à ceux qui affranchiraient leurs esclaves. Dans le louage, le bailleur suit toujours la foi du locataire; dans aucun cas il ne peut retenir les meubles destinés à l'usage du locataire et de sa famille.

Qu'il y a loin de ces préceptes tout empreints

---

1. Mahomet devait bien connaître ses compatriotes en stimulant ainsi leur probité, car la bonne foi n'est pas ce qui caractérise les marchands orientaux, surtout ceux de la Perse, où le mensonge est tellement enraciné dans leurs habitudes, que, s'il arrive qu'ils tiennent leur parole, ils réclament une récompense. Voy. *Voyage en Perse* de Soltykoff, p. 352.

de charité évangélique à cette raideur impitoyable des institutions produites par le rationalisme pur! Celui-ci ne semble tenir compte que du côté matériel de la vie, tandis que les principes suivis par Mahomet s'adressent à la vie morale et imposent pour barrière à l'intérêt le respect de la dignité de l'homme. Dans nos codes on chercherait vainement des traces du christianisme, si ce n'est en quelques rares articles [1].

Les mutilations ordonnées par la loi à l'égard du voleur n'existent plus guère en Orient et sont remplacées par des peines correctionnelles [2].

Les dispositions les plus essentielles de nos codes de commerce ont sans doute été puisées dans le droit musulman, d'où les Italiens les ont prises pour les répandre en Europe.

Ce qu'il y a de remarquable dans cette législation, c'est son unité : tout découle de la reli-

---

1. Il est loin de ma pensée, en faisant ces rapprochements, de donner à la loi musulmane le pas sur nos législations.

2. « Les mutilations judiciaires ne sont plus d'usage, en Orient, que dans quelques rares localités. Le temps a fait justice d'une législation barbare, même dans l'islamisme. » Voy. Traduction de Sidi Khalil par le docteur Perron, vol. VI, p. 465. Mais il faudra encore du temps pour qu'en Orient, on renonce à l'arbitraire et aux atrocités. Voir *l'Arabie centrale* de Palgrave, t. I, p. 123, trad. Jonvaux; *Voyages de Burckhardt,* trad. Eyriès, t. I, p. 155, 368; t. II, p. 33, 290; t. III, p. 236.

gion. Les peuples musulmans ont tiré de leur propre fonds leurs principes juridiques, alors que les nôtres sont entés sur le droit romain [1]. C'est un des faits les plus saillants de leur vie intellectuelle. On trouverait difficilement chez d'autres peuples un aussi grand nombre d'ouvrages de législation. Et cependant on n'a pas tiré un grand parti jusqu'à présent, au point de vue de la législation comparée, de la connaissance du droit musulman. Quand on veut approfondir l'histoire du genre humain, on ne peut rester étranger aux lois qui régissent plus de cent millions d'hommes. Par l'étude de cette législation originale, on arrive à mieux apprécier la vraie nature du droit en général, et de ce qu'on indique ordinairement sous le nom de droit naturel. Par exemple, l'histoire du droit commercial sera

1. Dans une thèse de doctorat, intitulée *De contractu « do ut des » jure mohammedano*, publiée à Leyde en 1868, M. Van der Berg, frappé de l'identité de plusieurs définitions et d'une certaine solidarité d'erreurs entre les légistes romains et arabes, n'est pas éloigné de croire que la connaissance sommaire du droit romain a pu pénétrer dans les écoles musulmanes, ou du moins qu'elles aient conservé quelque réminiscence sinon des Pandectes, du moins des Basiliques ou autres fragments. C'est là un problème, s'il y a problème, excessivement difficile à résoudre, une question *adhuc sub judice...* comme le fait remarquer avec esprit M. Barbier de Meynard. Conf. *Journal Asiatique,* août-septembre 1869, p. 240.

probablement éclaircie par le droit musulman. On n'ignore pas que le commerce du monde était entre les mains des Arabes, avant que Vasco de Gama n'eût franchi le cap de Bonne-Espérance.

Ce n'est guère que chez les nations de l'Europe qui exercent une domination sur des peuples professant l'islamisme que les études sur le droit musulman ont commencé à être cultivées, en Angleterre, en France, en Russie et en Hollande.

Dans les Indes anglaises, la doctrine juridique d'Abou Hanifa étant suivie par la population musulmane qui s'y élève de dix à quinze millions. le gouvernement anglais fit publier, comme je l'ai déjà dit, le texte et une traduction du *Hidaia*. Depuis cette publication d'autres ouvrages ont été composés sur le même sujet. MM. Baillie et Morley ont fait paraître des œuvres importantes de législation musulmane, relatives à l'Inde [1].

En France, nous avons dû nous préoccuper de la doctrine malékite, usitée en Algérie,

1. M. Baillie a publié : *The land tax of India*, 1853 ; *The Mohammedan law of sale*, etc. 1850. M. Morley est auteur des ouvrages suivants : *An analytical digest of all the reported cases decided in the supreme courts of judicature in India*, etc. 2 vol. 1850 ; *The administration of justice in British India ; its past history and present state, comprising an account of the laws particular to India*, 1858.

MM. Dulau et Pharaon ont publié *le Droit civil musulman;* M. Vincent a fait une étude solide sur la loi criminelle. M. le docteur Worms, qui avait appelé depuis longtemps l'attention du Gouvernement sur la nécessité de faire étudier les originaux arabes pour nous éclairer sur la manière d'asseoir les impôts et pénétrer dans l'organisation de la constitution territoriale des pays musulmans, a traité avec une grande autorité plusieurs sujets importants de législation musulmane. Enfin M. le docteur Perron a donné une traduction commentée du *Précis* de Sidi Khalil dont la Société asiatique a publié le texte.

La Russie, qui a sous sa dépendance des populations musulmanes professant les doctrines hanéfite et chiite, a profité des travaux de Mirza Kazem Beg et de Nicolas de Tornauw [1].

En Hollande, les professeurs Meursinge et Keijzer ont publié des manuels de droit musulman [2] selon la doctrine chafeïte, qui est suivie à Java et à Sumatra.

---

1. *Mokhtaçar El-wikaiat,* 1845; *charaï el-Islam,* de Mirza Kazembeg, 1862. *Das moslemische Recht,* 1855, traduction allemande de l'ouvrage de M. de Tornauw, en russe. Cette traduction allemande a été traduite en francais par Eschbach, 1860.

2. *Handboek voor het Mohammedaansch regt,* par A. Meursinge,

La législation musulmane a été un véritable bienfait pour les peuples qui l'ont adoptée. Mahomet avait fait disparaître en Arabie des usages monstrueux. Dans certaines régions de l'Afrique l'islamisme a détruit l'anthropophagie.

V.

Vous devez maintenant, Messieurs, par l'aperçu que je viens de donner, comprendre l'étendue et l'importance des études que nous allons entreprendre. Mais le travail intellectuel doit avoir une destination sociale, tout en augmentant la somme de nos connaissances. L'acquisition de notions nouvelles ne doit pas être purement platonique. Il est beau sans doute d'accroître sans cesse nos investigations de cette planète qui, dans sa course à travers les cieux, offre, pour certaines régions, le spectacle de la vie civilisée. Mais ces connaissances seraient stériles, si nous ne savions pas les appliquer.

Il faudra donc indiquer le but auquel doit

1844. Le docteur Keijzer a publié, en 1853, le précis de jurisprudence de Firouzabàdi, et celui d'Abou Chodja en 1859.

tendre quiconque s'applique à ces études nouvelles et montrer les avantages que les élèves de l'École spéciale des langues orientales vivantes peuvent procurer au corps social dans l'état actuel de la civilisation et des connaissances humaines, soit qu'ils deviennent drogmans, chanceliers, agents consulaires, élèves consuls, vice-consuls, consuls, interprètes et agents du commerce, soit qu'animés de l'amour de la science ou de l'intérèt du commerce général, ils tentent, dans de périlleuses, mais glorieuses entreprises, quelque voyage d'exploration en Asie ou en Afrique, ou bien qu'ils se livrent à des travaux d'érudition ou se destinent au professorat en France ou en Algérie.

Dans cet enseignement, toutefois, nous ne chercherons pas à faire des savants, mais à mettre les élèves dans le cas de le devenir un jour, s'ils veulent interroger par eux-mèmes les sources que nous leur indiquerons et approfondir ce que nous n'aurons qu'entamé.

Nous croirons avoir fait beaucoup, en les aidant à acquérir des connaissances pratiques, si nous les avons accoutumés à entendre parler souvent des mêmes lieux, des mêmes faits, à isoler les sujets pour les mieux traiter, à comparer les détails pour en saisir les rapports, à ne tirer les conséquences que tardivement. Les jugements qu'on porte sur les événements ne doivent être formulés que le plus tard possible; c'est en embrassant de vastes périodes de l'histoire qu'on peut présenter un jugement sûr. N'oublions pas que l'histoire est la plus haute des juridictions, et que ses verdicts ne peuvent être prononcés qu'à l'aide de profondes recherches.

Nous ne prétendons à d'autre honneur dans cet enseignement qu'à celui d'en avoir conçu le plan et d'avoir su puiser dans de bonnes sources pour l'exécuter. Je m'efforcerai de vous guider en m'appuyant sur les enseignements que nous ont légués d'illustres maîtres. A une époque où l'orgueil de l'homme semble vouloir faire table rase du passé, sachons respecter et surtout féconder la tradition ; car, quoi que nous fassions, nous ne sommes et ne saurions être que des continuateurs. Rappelons-nous, pour nous inspirer l'ambition de bien faire, les maîtres qui ont illustré cette école : S. de Sacy, Quatremère, Jaubert, Reinaud, Caussin de Perceval, etc. C'est à cette école que sont venus se former les savants professeurs des chaires orientales de l'Allemagne, de la Russie, de l'Italie, de l'Espagne, du nord comme du midi de l'Europe. De nos jours, et il est juste de le reconnaître, s'inspirant de ce glorieux passé, l'Administrateur de l'École, M. le professeur Schefer, profondément versé dans la connaissance de l'Orient, donne à cet établissement une impulsion féconde.

Si nous parvenons à vous inspirer le goût des études sérieuses, nous croirons avoir fait quelque chose d'utile pour la science et pour la patrie.

Paris. — J. CLAYE, imprimeur, 7, rue Saint-Benoît. — [2177]